PRIMERAS BIOGRAFÍAS

Harriet Tubman

Cassie Mayer

Heinemann Library
Chicago, Illinois

© 2008 Heinemann Library
an imprint of Capstone Global Library, LLC
Chicago, Illinois

Customer Service **888-454-2279**

Visit our Web site at **www.heinemannlibrary.com**

Photo research by Tracy Cummins
Designed by Kimberly R. Miracle
Maps by Mapping Specialists, Ltd.
Translation into Spanish produced by DoubleO Publishing Services
Printed in the United States of America in North Mankato, Minnesota. 042013   007324RP

15 14 13
10 9 8 7 6 5 4 3

13 Digit ISBN: 978-1-4329-0657-3 (hc)   978-1-4329-0666-5 (pb)
10 Digit ISBN: 1-4329-0657-7 (hc)   1-4329-0666-6 (pb)

Library of Congress Cataloging-in-Publication Data
Mayer, Cassie.
  [Harriet Tubman. Spanish]
  Harriet Tubman / Cassie Mayer.
    p. cm. -- (Primeras biografías)
  "Translation into Spanish produced by DoubleOPublishing Services"--T.p. verso.
  ISBN-13: 978-1-4329-0657-3 (hb)
  ISBN-13: 978-1-4329-0666-5 (pb)
  1. Tubman, Harriet, 1820?-1913--Juvenile literature. 2. Slaves--United States--Biography--Juvenile literature. 3. Women slaves--United States--Biography--Juvenile literature. 4. African American women--Biography--Juvenile literature. 5. African Americans--Biography--Juvenile literature. 6. Underground Railroad--Juvenile literature. I. Title.
  E444.T82M36618 2007
  973.7'115--dc22
  [B]
                                 2007040081
Acknowledgements
The author and publisher are grateful to the following for permission to reproduce copyright material: ©The Art Archive **pp. 11** (Culver Pictures), **14** (Culver Pictures); ©The Bridgeman Art Library **pp. 12** (Private Collection), **23** (Private Collection); ©Corbis **pp. 4, 5** (Bettmann), **8** (Bettmann), **18** (Bettmann); ©Darlene Bordwell **pp. 21, 23**; ©Getty Images **pp. 16** (MPI), **19** (MPI), **23** (MPI); ©The Granger Collection **p. 17**; ©Harcourt Education **pp. 7** (Sean Victory), **10** (Sean Victory); ©Library of Congress Prints and Photographs Division **pp. 15, 22**; ©Lonely Planet Images **p. 20** (Kim Grant); ©North Wind Pictures Archives **pp. 6, 9**.

Cover image reproduced with permission of the ©Library of Congress Prints and Photographs Division. Back cover image reproduced with permission of ©Harcourt Education (Sean Victory).

Every effort has been made to contact copyright holders of any material reproduces in this book.
Any omissions will be rectified in subsequent printings if notice is given to the publisher.

Contenido

Harriet Tubman fue una líder.
Un líder es alguien que ayuda a que
cambien las cosas.

Tubman ayudó a liberar esclavos.
Los esclavos eran personas que eran
propiedad de otras personas.

Los primeros años de su vida

Tubman nació alrededor de 1820.
Vivió en Maryland.

Era una esclava.

La esclavitud

Los esclavos no podían elegir su modo de vida.

La mayoría de los esclavos era negra.

Escapar

Tubman escapó de la esclavitud en 1849.

Otras personas la ayudaron. Estas personas formaban parte de un grupo especial.

El ferrocarril clandestino

El grupo se llamaba "el ferrocarril clandestino". El grupo ayudaba a los esclavos a escapar.

ESTADOS LIBRES

ESTADO LIBRE

ESTADOS ESCLAVISTAS

El grupo los ayudaba a alcanzar los estados del Norte. En los estados del Norte no existía la esclavitud.

Tubman llegó a ser una líder del ferrocarril clandestino.

Era muy lista. Ayudó a escapar a
muchos esclavos.

La Guerra Civil

Los estados del Sur lucharon contra los estados del Norte en 1861. Esta guerra se llamó la Guerra Civil.

Los estados del Norte ganaron la Guerra
Civil en 1865. Los esclavos fueron liberados.

Había gente que aún trataba mal a las personas negras. Había gente que no creía que eran iguales.

Tubman creía que todas las personas
eran iguales.

Tubman siempre habló claro acerca de sus creencias.

Tubman murió en 1913.
Se le organizó un funeral especial.

Por qué la recordamos

Harriet Tubman fue una valiente líder.
Ayudó a muchas personas a ser libres.

Glosario ilustrado

 **Guerra Civil** una guerra en los Estados Unidos. La gente del Norte y del Sur lucharon unos contra otros.

 **Ferrocarril clandestino** un grupo de personas que ayudaba a los esclavos a escapar

Línea cronológica

1820 — nace

1849 — escapa de la esclavitud

1913 — muere

Índice

Nota a padres y maestros

Esta serie presenta a prominentes personajes históricos. Subraya los acontecimientos importantes en la vida de cada uno de ellos y el impacto que estas personas tuvieron en la sociedad de los Estados Unidos. Las ilustraciones y fuentes primarias ayudan a los estudiantes a entender mejor el texto.

El texto ha sido seleccionado con el consejo de un experto en lecto-escritura para asegurar que lectores principiantes puedan leer de forma independiente o con apoyo moderado. Se consultó a un experto en estudios sociales para la primera infancia para asegurar que el contenido fuera interesante y adecuado.

Usted puede apoyar las destrezas de lectura de no ficción de los niños ayudándolos a usar el contenido, los encabezados, el glosario ilustrado y el índice.